Arq. Julio A. Puy

HOGARES, PARRILLAS Y QUINCHOS ARGENTINOS

2002

LIBRERIA Y EDITORIAL ALSINA

Paraná 137 - (C1017AAC) Buenos Aires
Telefax (054)(011) 4373-2942 y (054)(011) 4371-9309
ARGENTINA

Dedicado a:
Candela, Loreley,
Macarena, Ainé,
Gastón y Ailín.

Indice Temático

Prólogo

La presente obra se basa en los conocimientos adquiridos por propias experiencias, a fuerza de recorrer nuestro extenso país.

Si bien se aportan conceptos técnicos y detalles constructivos, fundamentalmente se trata de transmitir el espíritu que define al "asado criollo" en todos sus aspectos. El encendido del fuego y su transformación en brasas. la preparación y cocimiento de carne y las achuras en todas sus variedades, y fundamentalmente, ¡la mesa compartida con amigos!

El hogar, la parrilla y el quincho en Argentina, constituyen, con ligeras variantes según la región, una muestra del espíritu fraterno y alegre que caracteriza a sus pobladores.

El autor

CONSEJOS ÚTILES

El Hogar

Indispensable en otras épocas como elemento fundamental de la cale-facción de los locales, el Hogar en las grandes ciudades cumple en la actua-lidad un papel casi decorativo.

Resulta entonces fundamental preguntarse si funcionará con leña, gas u otro combustible; o si será exclusivamente decorativo. De a cuerdo a la respuesta adoptada se diseñará la boca del hogar, el pulmón, estante de hollín, tiraje y coronamiento.

Los distintos tipos de combustible, generan necesidades técnicas que se comentan a continuación:

- Los quemadores eléctricos tipo infrarrojo (generalmente con leños artificiales), no generan gases tóxicos ni olores que deban evacuar-se; y por lo tanto no necesitan tirajes de ningún tipo. En este caso, la chimenea puede ser simulada o simplemente no existir como tal.

- El siguiente ejemplo en complejidad, lo constituyen los quemado-res a gas. Si bien no producen olores desagradables ni humo, su combustión incompleta genera gases tóxicos, y esto obliga a ins-talar un conducto de evacuación, en definitiva un tiraje al exterior. La boca del hogar se proporcionará en función del tamaño del que-mador, y, en relación a este, debe dimensionarse el conducto (No es necesario el estante de hollín).

- Si el Hogar funcionará con leña, deberán respetarse las normas de diseño y construcción que se detallan más adelante, proporcionan-do la boca de la chimenea en relación al volumen del local que se desea calefacción, y a partir de esta, el estante de hollín, el con-ducto (o tiraje), el coronamiento, etc.

- La posición del Hogar dentro del local es muy importante. De ser posible, es conveniente instalarlo sobre un paramento del lado mas corto del local, favoreciendo así la circulación del aire calien-te por todo el ambiente, logrando así una calefacción homogénea.

Cuando por la distribución de los muebles u otra razón es necesario instalarla en otro sector, suele dar buen resultado elevar y adelantar en lo posible el plano de fuego y la boca en general.

- *Es muy importante contemplar la necesidad que, **en todos los casos** debe preverse la ventilación del local independientemente de la chimenea, y verificar el ingreso de aire puro desde el exterior.*

EL HOGAR

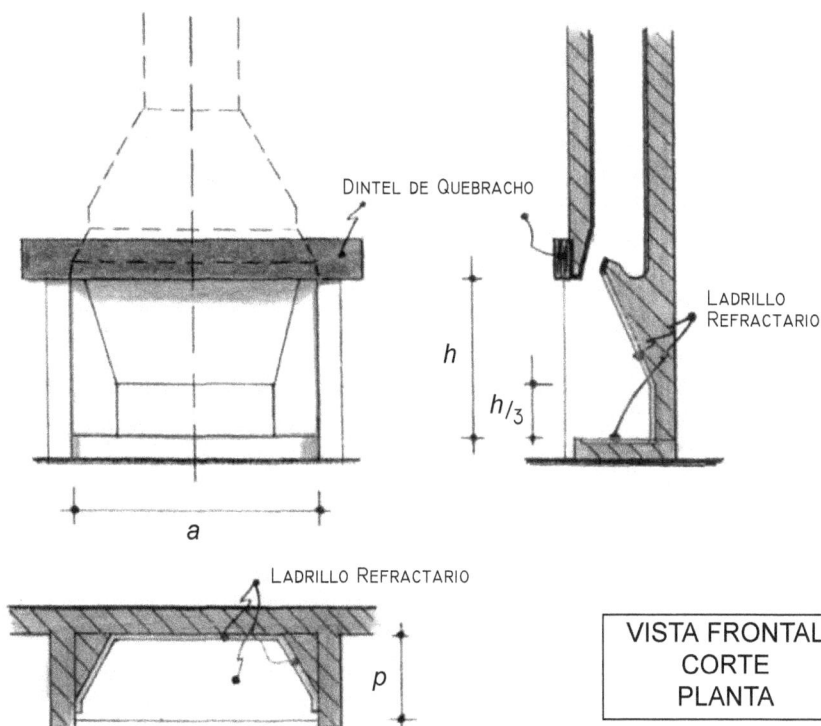

DINTEL DE QUEBRACHO

LADRILLO REFRACTARIO

h

$h/_3$

a

LADRILLO REFRACTARIO

p

VISTA FRONTAL
CORTE
PLANTA

La boca del hogar debe respetar ciertas proporciones entre sus medidas más destacadas.

El ancho (a), la altura (h) y la profundidad (p) están relacionadas entre sí en el cuadro de cálculo para el conducto de evacuación de gases.

El fondo vertical, como lo indica el corte, no debe superar la tercera parte del alto total de la boca terminada.

Los ángulos de inclinación y chanfles laterales del hogar, no deberán superar los 30°.

La superficie de la garganta deberá ser igual a la del conducto de humo, y su largo igual al ancho de la abertura de la chimenea.

VOLUMETRÍA DEL HOGAR

Caso 1: Sin volumen saliente. Puede ser solamente decorativo, pero en caso de estar preparado para quemador o leña de cualquier tipo, su volumetría deberá ser exterior al local.

Caso 2: Volumen saliente totalmente plano. Permite incorporar parte de la volumetría al local que se desea calefaccionar. Su relieve liso desde el piso hasta el techo, permite mejorar la decoración interna del local.

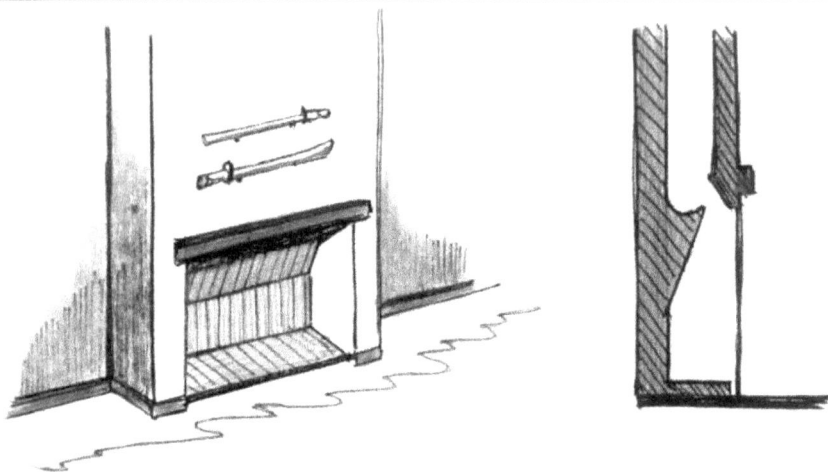

Caso 3: Volumen saliente con una pendiente. El plano inclinado hacia la pared de apoyo origina la forma característica del hogar, dando lugar al fogón en su interior y realzando la decoración del lugar.

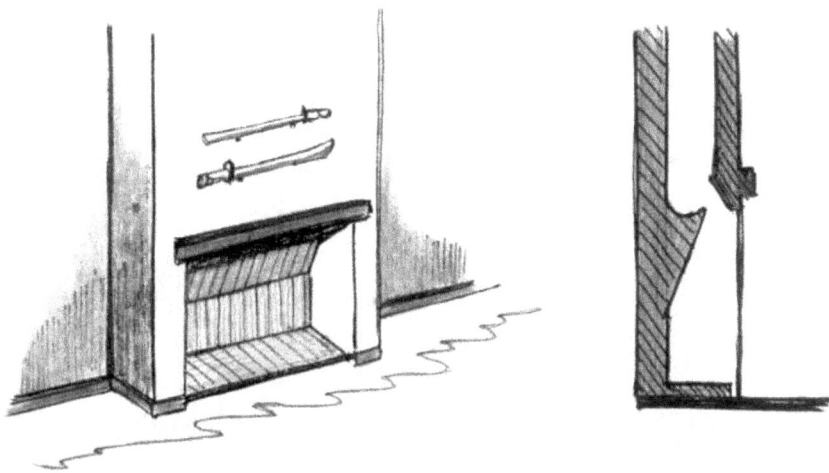

Caso 4: Volumen saliente con tres pendientes. La forma de "tronco de pirámide" es en realidad la copia de su propio interior. El fogón, el estante de hollín y el arranque del conducto componen dicha forma. La decoración interior del local adquiere su máxima expresión.

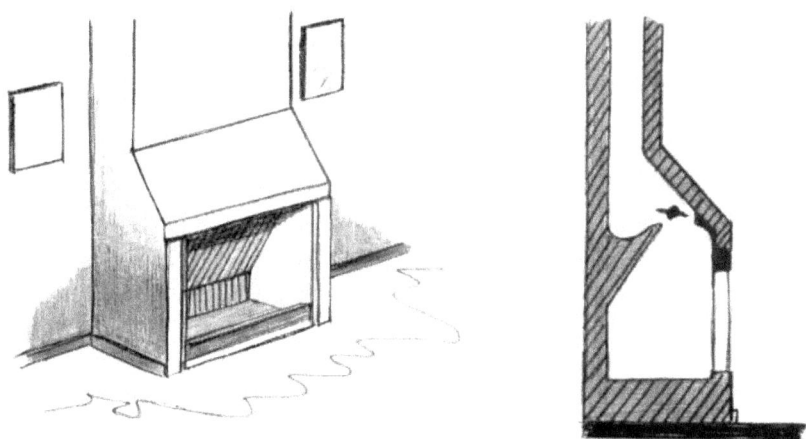

Hogar triangular
Diseño ideal para locales de poca superficie. Crea dos planos de irradiación de calor bien definidos, y necesita un empotramiento mínimo en la pared de apoyo.

Los ejemplos que se detallan a continuación, muestran que el presente diseño es de fácil adaptación a cualquier tipo de local y superficie.

1. *Sobre una pared recta, su escasa dimensión saliente se adapta perfectamente al conjunto de sillones de una plaza.*

2. *En este caso, el hogar se encuentra "arrinconado" en un ángulo del ambiente, integrándose al amoblamiento, cualquiera sea su variedad de diseño.*

3. *Este caso constituye el opuesto del anterior. El ángulo saliente le permite irradiar calor a los dos sectores del local.*

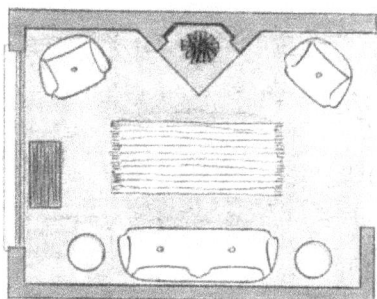

1

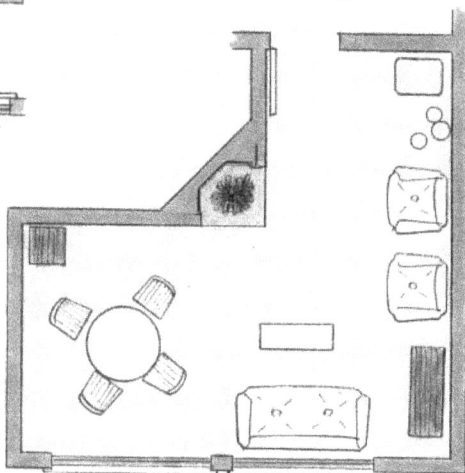

3

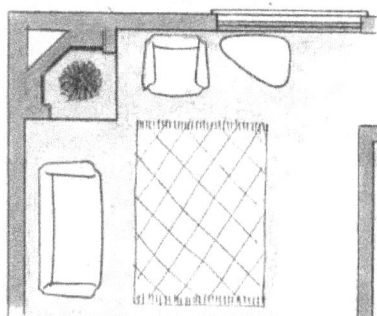

2

El presente diseño de planta rectangular "SUREÑO ARGENTINO" o "PATAGÓNICO", permite la comparación con los ejemplos anteriores, en lo que hace al diseño de la "boca" (plana y frontal); y al posterior por la elección de los materiales y las formas de terminación.

COMENTARIOS

El ejemplo detallado es de tipo clásico, netamente europeo.

El despiece del frente (realizado en mármol o granito), se encuentra acotado y en escala; al igual que los dibujos en "planta" y "vista" de la boca del hogar. El resto de los bocetos indican medidas y detalles constructivos.

Preparado para leños artificiales y quemador de gas natural, el esquema no indica la presencia del estante de hollín porque no es técnicamente necesario; aunque puede instalarse si se desea preparar el hogar para leña natural.

La elección del conducto y el coronamiento quedan sujetos a cada caso, ya que se recomienda compatibilizarlos con la arquitectura del edificio, respetando estilo, materiales, texturas y dimensiones.

PLANTA

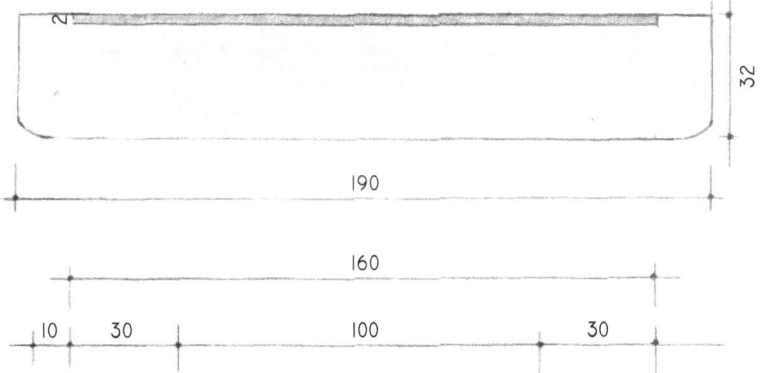

VISTA

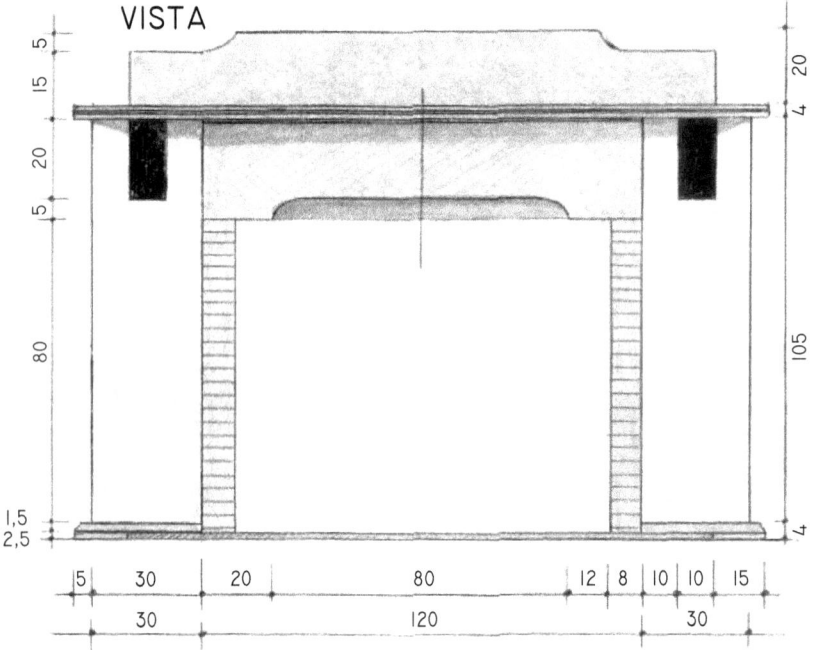

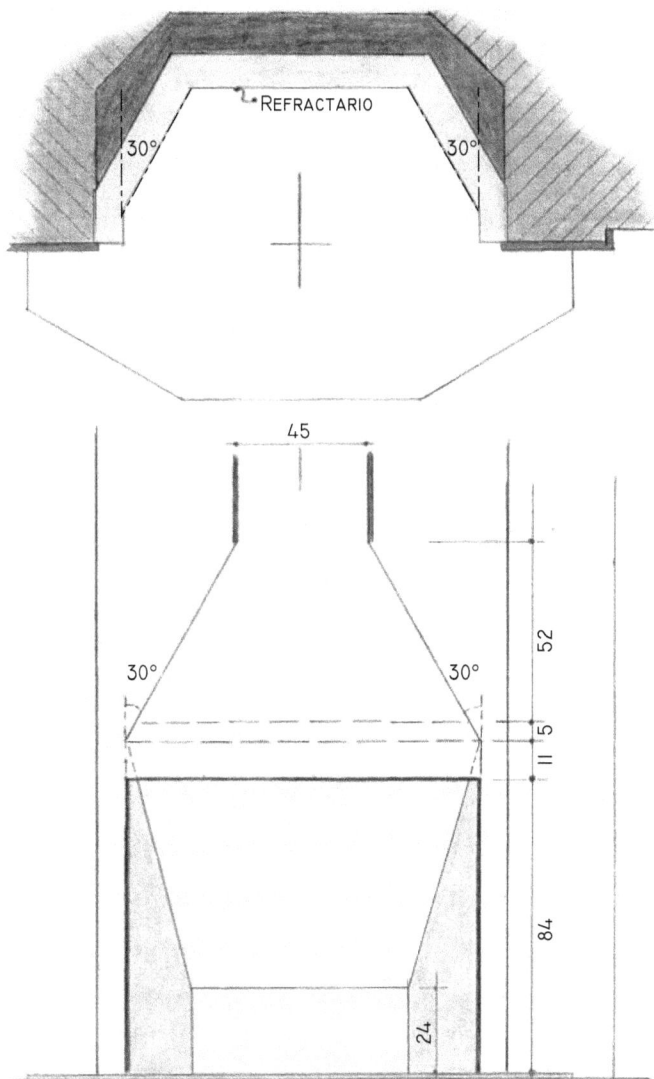

REFRACTARIO

30° 30°

45

30° 30°

52

5

84

24

PERSPECTIVA
DEL APOYO

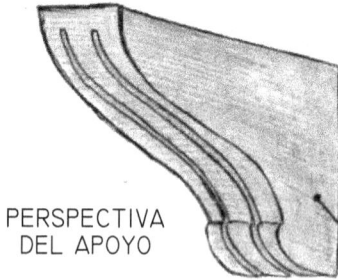

DETALLES DE TERMINACIÓN
(MEDIDAS EN MILÍMETROS)

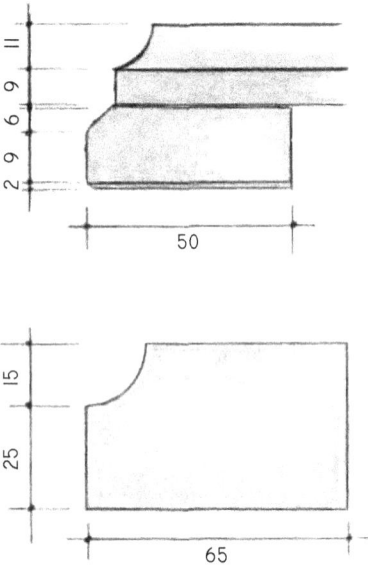

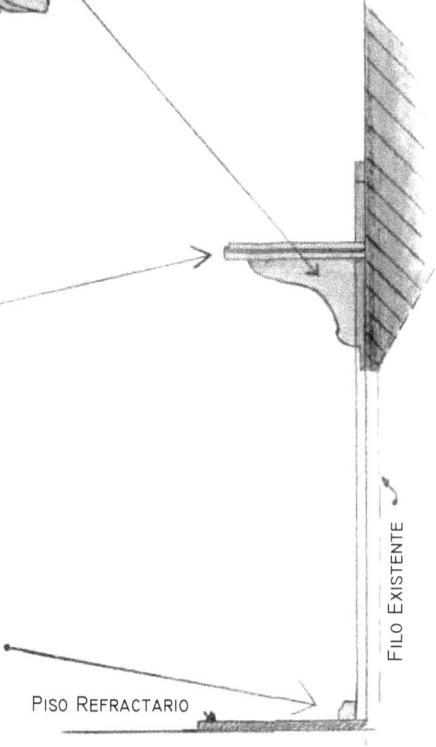

50

65

PISO REFRACTARIO

FILO EXISTENTE

LA CHIMENEA

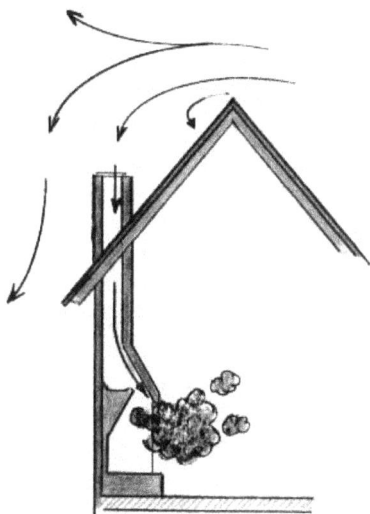

La chimenea de una parrilla tiene diferencias fundamentales con la correspondiente a la de un hogar o estufa.

En la parrilla es importante la fuga de humo, y con él, se busca el desplazamiento del calor hacia arriba.

En el caso del hogar, se mantiene el criterio con respecto al humo, pero por el contrario, se debe lograr que el calor salga por la boca de la estufa y calefaccione el ambiente en el que se encuentra.

Surgirán, entonces, diferencias técnicas en lo que se refiere a los pulmones y distribución interna de los fogones, pero, en el caso de los remates de las chimeneas existen factores comunes que es imprescindible respetar.

El remate o coronamiento de la chimenea, debe encontrarse "a los cuatro vientos", es decir que debe ser el punto mas alto de las construcciones del lugar en un radio de ocho a diez metros.

Esto permitirá que cuando sople viento de cualquier cuadrante, producirá la succión de los gases que se encuentran en el conducto.

Por el contrario, la presencia de algún techo o volumen próximo más elevado producirá el efecto inverso, tal como se indica en las ilustraciones.

LA CHIMENEA

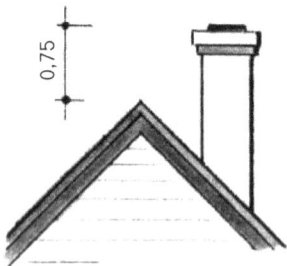

Cuando el remate de la chimenea se encuentra sobre un faldón lateral, con pendiente pronunciada y próximo a la cumbrera del techo, se aconseja superar la altura de esta en por lo menos 0,75 m.

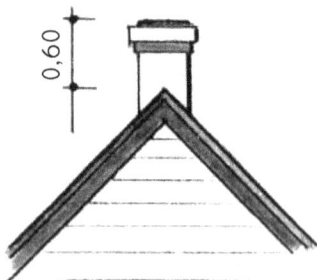

En el caso que la chimenea esté instalada "a caballo" de la cumbrera, y sobre todo si ambos faldones tienen el mismo ángulo, la altura de superación puede reducirse a 0,60 m.

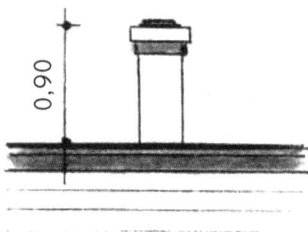

El remate de la chimenea con su coronamiento debe estar separado de los techos y volúmenes próximos, para evitar el retorno de los gases.

Esto obliga a construir conductos muy elevados y, a veces, de gran tamaño, por lo que se construyen con materiales pesados y resistentes, motivo por el que la chimenea adquiere un valor arquitectónico muy importante.

Ladrillos, lajas, hierro, cerámicos y hasta madera dura son algunos de los materiales y terminaciones que se pueden adoptar para favorecer la estética, pero siempre y cuando se hayan aislado convenientemente el cajón de fuego y las caras internas del conducto propiamente dicho.

El coronamiento de la chimenea cumple la función de evitar el ingreso de corrientes de aire descendentes que alteren el normal funcionamiento del tiraje, así como de lluvia y nieve.

Siempre instalado sobre la boca de salida del conducto, puede adoptar distintas formas (plana, piramidal, con una o varias pendientes, medio caño, etc.) y materiales (piedra, losa, chapa de hierro, acero o bronce, caños cerámicos, etc.).

EL CONDUCTO

El mayor rendimiento del tiraje se logra con la sección circular.
Los ángulos rectos no son utilizados por el humo circulante.

HOGAR (medidas de la abertura teminada en cm)			CONDUCTO Medida interior del conducto en cm
ANCHO	ALTO	PROFUNDIDAD	
75	70	40	
80	72	40	**21 x 32**
85	74	42	
90	76	44	
95	78	45	
100	80	45	**32 x 32**
105	82	45	
110	84	45	
110	86	50	
115	88	50	
115	90	50	
120	92	50	**32 x 45**
125	94	55	
130	96	55	
135	98	55	
135	100	55	
140	102	55	
145	104	60	
150	106	60	**45 x 45**
155	110	60	
160	112	60	

Las medidas indicadas responden a la proporción adecuada del hogar.
Las medidas adoptadas en la boca (ancho y alto), suponen la adopción de la profundidad.
El volumen así establecido, determina la superficie mínima aconsejada para el conducto de salida.

EL CORONAMIENTO

Antes de decidirse por un tipo de chimenea a la vista, contemple la posibilidad de combinar los materiales necesarios para el desarrollo técnico (ladrillos refractarios, mampostería portante, etc.); con los de revestimiento exterior que son, en definitiva, los que se aprecian visualmente.

En las páginas siguientes se muestran distintas variables estéticas de una casa de fin de semana que se desea reformar.
Nótese que en las tres opciones, el edificio es básicamente el mismo, al que se le aplican distintos materiales, colores y texturas, aunque siempre del tipo "rural" o "campestre".
Acompañando las variaciones de las formas, se muestra desde el exterior la misma chimenea, aunque con ligeros cambios estéticos, de apariencia, pero no funcionales.
Madera, ladrillo a la vista, piedra laja o hierro forjado son algunos materiales apropiados para este proyecto. Aparte de su propia resistencia a las condiciones climáticas, son agradables a la vista generando una sensación de "rusticidad" muy apropiada para el caso.

El sector derecho de la imagen es un edificio existente al que se le incorpora el área ampliada, con techo inclinado que remata en la chimenea del hogar a leña. Su ubicación le otorga una importancia estética muy destacada.

La variación del proyecto permite modificar el diseño de la chimenea en lo que hace a la forma y los materiales utilizados, conservando su ubicación y dimensiones originales.

Pequeñas variaciones formales de la chimenea, acompañan a las modificaciones sufridas por el edificio. Su coronamiento a "dos aguas" repite el criterio adoptado en la cubierta y los techos.

CONSEJOS ÚTILES

La Parrilla y el Quincho

Cuando se diseña una parrilla se deben tener en cuenta algunos aspectos personales que le harán más práctica para quien la use y le aportará más placer:

- Piense en Ud. y en que circunstancias desea utilizarla. Pregúnteselo varias veces, y de acuerdo a la respuesta que tome como válida, ¡proyecte su propia Parrilla! Y si lo desea ¡diseñe su Quincho!

- ¿Le dará uso diariamente, y muy seguido? Es conveniente que la leñera y/o carbonera esté próxima. Debe ser fácil de limpiar (retirar cenizas y restos en general). Procure que los recorridos sean cortos.

- ¿Qué tipo de carne desea asar normalmente? Cuando se cuece cerdo o cordero, se recomienda fuego lento, suave. Resulta conveniente entonces, contar con un fogón próximo (lateral anexo a la misma chimenea) que permita ir agregando brasas a la parrilla a medida que sea necesario. Si opta por incorporar el fogón, no olvide que puede cumplir otros servicios: cocinar con sartén, cacerola o disco de arado, asar a la llama o incorporar un pequeño "asador" tipo cruz o espada. El otro aspecto al que se refiere la pregunta es al tiempo de cocción. Si acostumbra a cocinar en la parrilla distintos tipos de carnes simultáneamente, como pollo, achuras o pescados a la vez; puede serle útil dividir el entramado de la parrilla en dos o tres partes que puedan moverse independientemente, lo que le permitirá regular el calor de las brasas y le ayudará a cocinar correctamente cada pieza.

- Otro factor importante para el cocimiento de la carne y la limpieza posterior de la parrilla, lo constituye el tipo de hierro. Para evitar el chorreado de grasa se utiliza el hierro en ángulo, reduciendo muy sensiblemente el riesgo de la generación de llamas espontáneas que suelen afectar el cocimiento de la carne. Sin embargo, cuando se dispone de tiempo y dedicación, resulta apropiado utilizar hierro redondo liso, que permite desgrasar mejor la carne y mejo-

rar la calidad de algunos "asados" o "platos especiales". En este último caso, no debe perderse de vista que el chorreado de grasa produce mucho mas trabajo de limpieza.

- *Piense en el número habitual de comensales, ¿cuántos serán habitualmente? Existe una tendencia a sobredimensionar los espacios suponiendo que las grandes superficies son mas funcionales. No siempre es así; cuando el quincho se diseña con capacidad para veinte o treinta personas (o mesas muy largas), en el uso cotidiano para cuatro o seis personas el usuario no se halla cómodo, pierde intimidad y el lugar "no lo cobija". Es preferible contemplar el armado de mesas complementarias en los casos que resulte necesario.*

LA PARRILLA

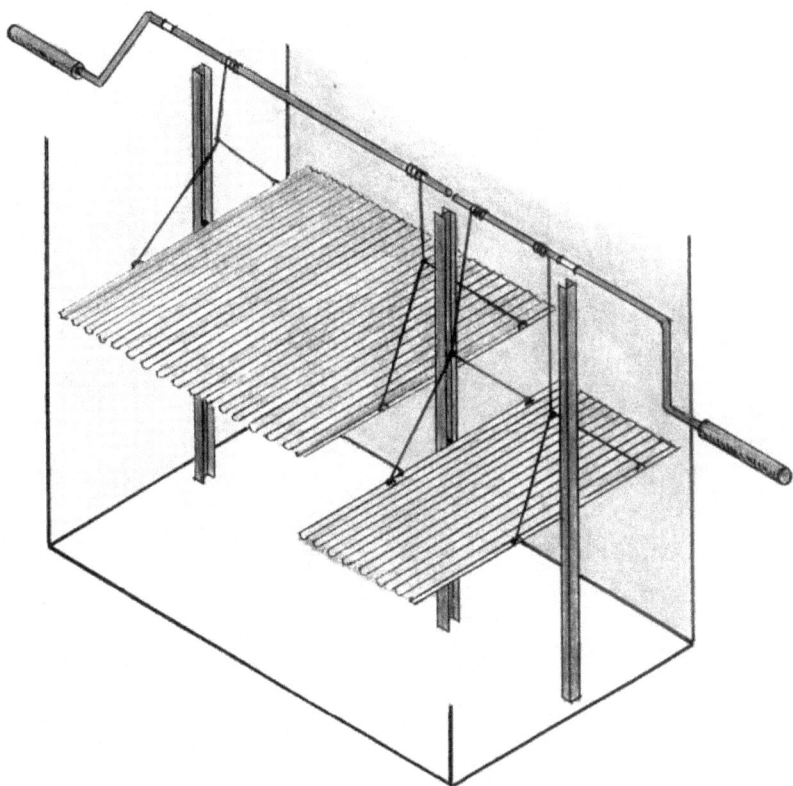

La parrilla, tan rudimentaria en un principio, se fue perfeccionando a través del uso masivo de la sociedad argentina. El hierro redondo (en ocasiones simple alambre) muy apropiado para evitar el efecto "fritura" que genera el metal caliente, fue reemplazado por barras de hierro en ángulo que facilitan el desplazamiento de la grasa líquida, evitando la generación de llamas que suelen alterar la calidad del asado. Normalmente se regula la cantidad de calor, agregando o quitando brasas, o subiendo y bajando la parrilla. Para un cocimiento mas perfecto en distintas piezas de carne o diferentes achuras, puede hacerse que la parrilla se divida en dos planos con regulación independiente, que se manipulen por separado, logrando así un mayor control sobre el cocimiento de las distintas presas.

LA PARRILLA

10
8
10

10   4   10

87

70

45

70

LADRILLO
REFRACTARIO

50

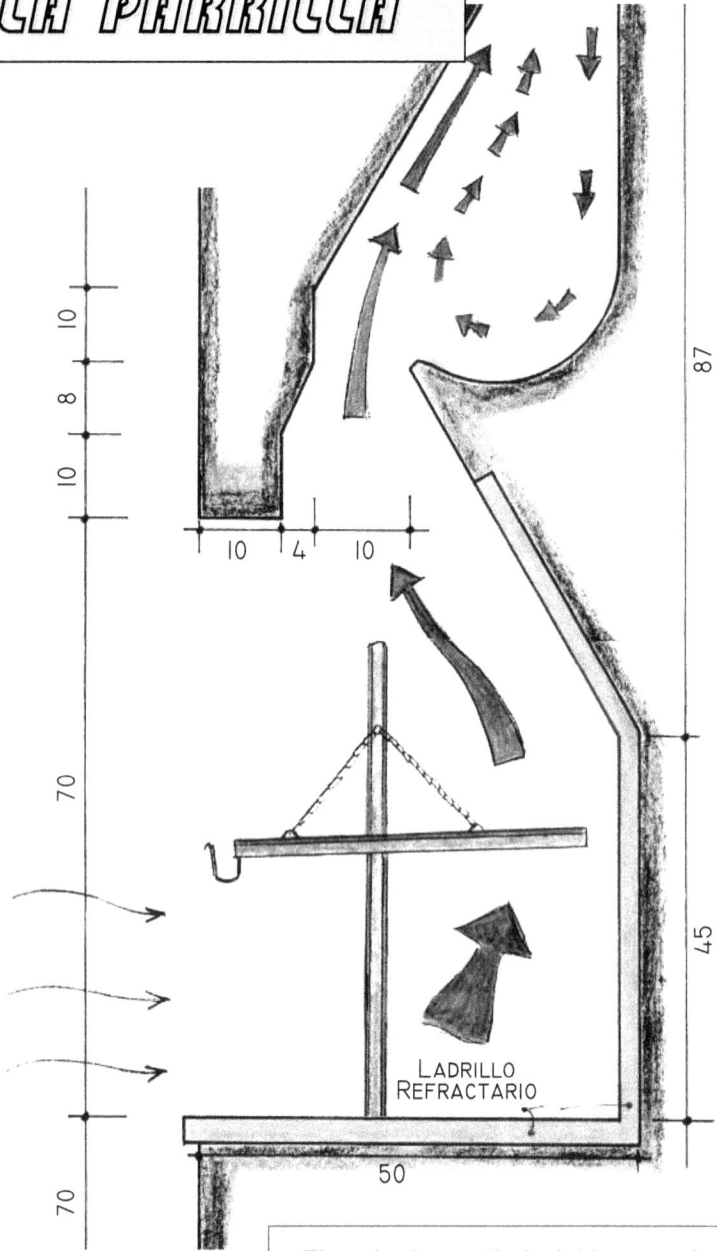

Ejemplo de parrilla incluída en un hogar

EL FOGÓN

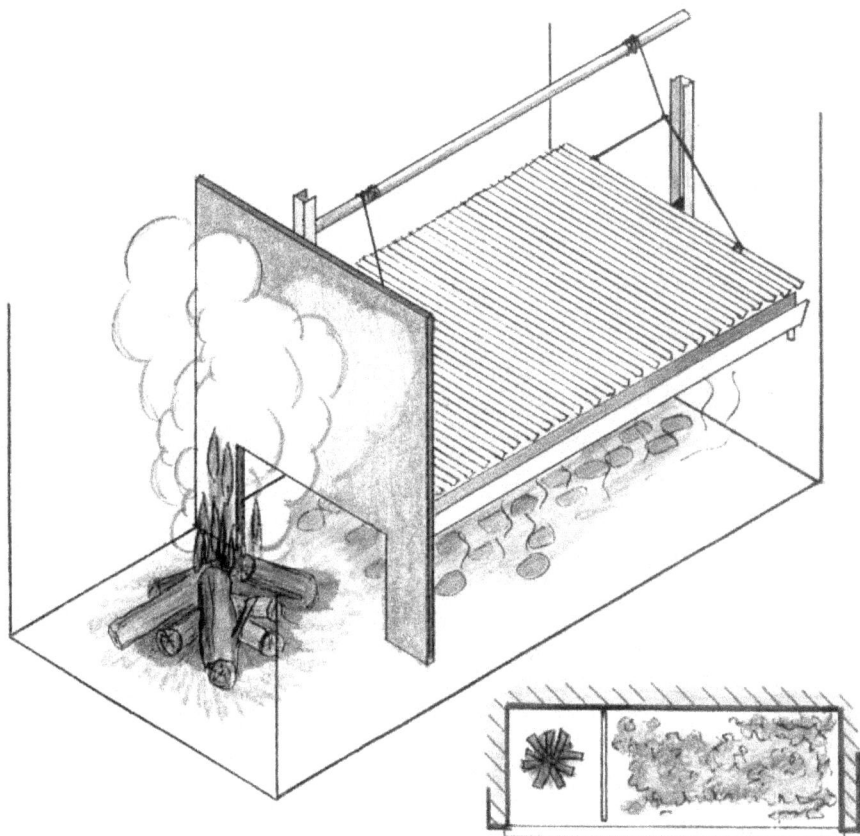

Cuando la parrilla está destinada a cubrir horarios extensos y resulta necesario agregar nuevas brasas cada tanto, es conveniente reservar un ángulo del fogón para encender nuevos fuegos, aislados por un tabique metálico de la parrilla propiamente dicha.

No existe una medida predeterminada, pero resulta aconsejable dejar un espacio suficiente como para introducir un disco de arado (0,30 a 0,40 m) y así poder cocinar simultáneamente distintos menúes.

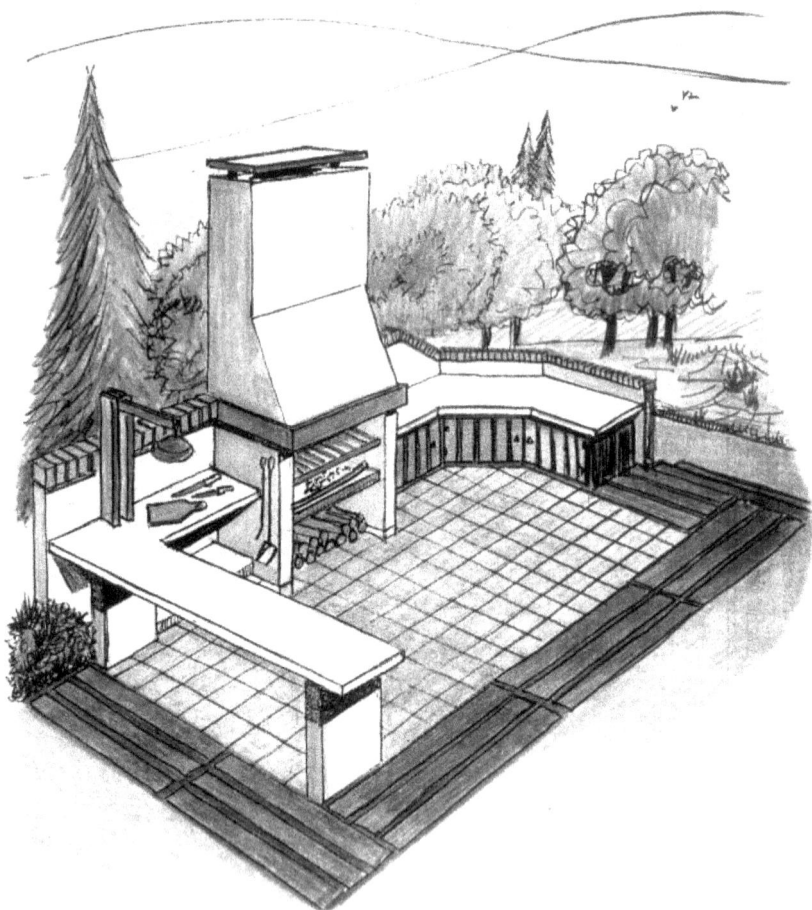

En el caso de una parrilla abierta, al aire libre, resulta conveniente delimitar su espacio de trabajo propio. Es apropiado hacerlo con el formato de las mesadas que, en este caso, forman una "U" incompleta que se complementa con los durmientes de quebracho empotrados en el piso.

La altura normal de la mesada es de 0,83 / 0,85 m. En el ejemplo, el ala izquierda simula un plano de apoyo tipo bar, es decir que tiene una altura de 1,10 m (permite comer de pie o sentado sobre un taburete). El tabique de mampostería que delimita las mesadas, sirve de protección y reparo contra el viento para la vajilla y los alimentos que se están cocinando.

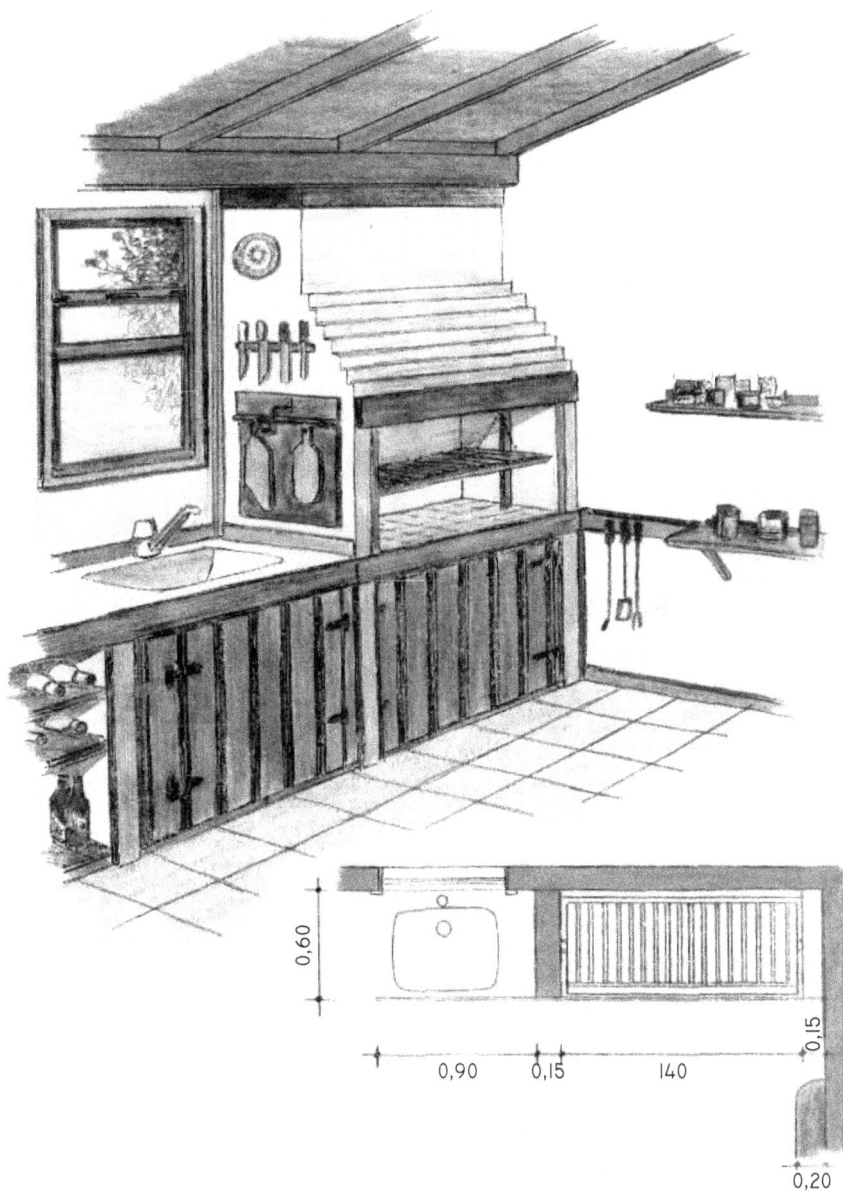

0,60

0,90　　0,15　　140

0,15

0,20

Cuando la parrilla se encuentra en un ángulo del local, es importante crear un plano de apoyo próximo (mesada fija o retráctil), para facilitar las tareas que exige un buen asado.

El ejemplo que se detalla en este caso, es apropiado para terrenos urbanos, de 10 m de frente por 20 ó 25 m de fondo.

Angosto, con entradas por ambos extremos, es adecuado para ubicar en uno de los ángulos del fondo de la propiedad.

Con reminiscencias del norte argentino, emplea paja a la vista en el techo, columnas y dinteles de madera dura a la vista (se sugiere durmientes de quebracho), carpintería de madera lustrada o barnizada, y las paredes terminadas con "bolseado" a la cal rústico de color blanco.

Los pisos deben ser, preferentemente, de baldosas de cerámica roja colocadas con junta abierta, o de piedra laja de color rojo, gris o verde oscuro. Pueden complementarse con zócalos de madera dura lustrada o barnizada.

La mesada, también rústica, debe ser de madera dura o de hormigón armado revestido con material similar al utilizado en los pisos.

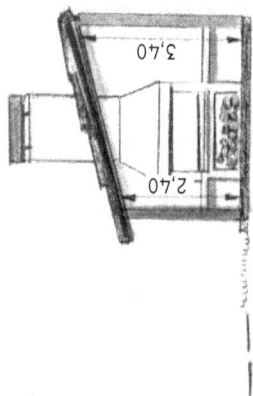

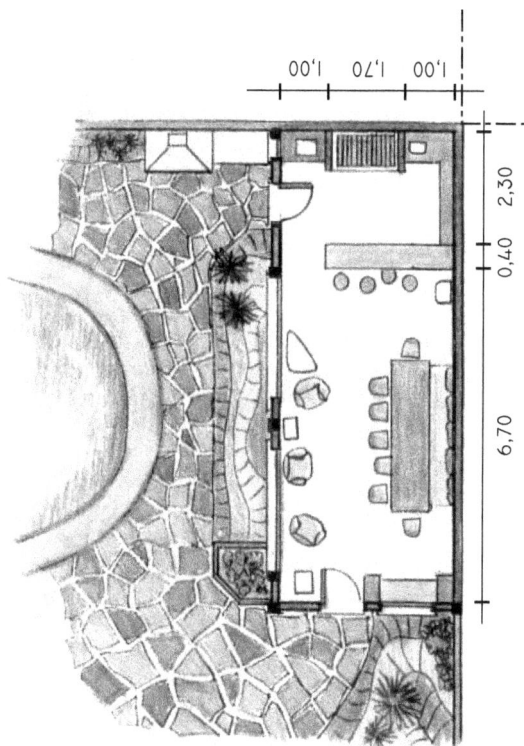

PULPERÍA

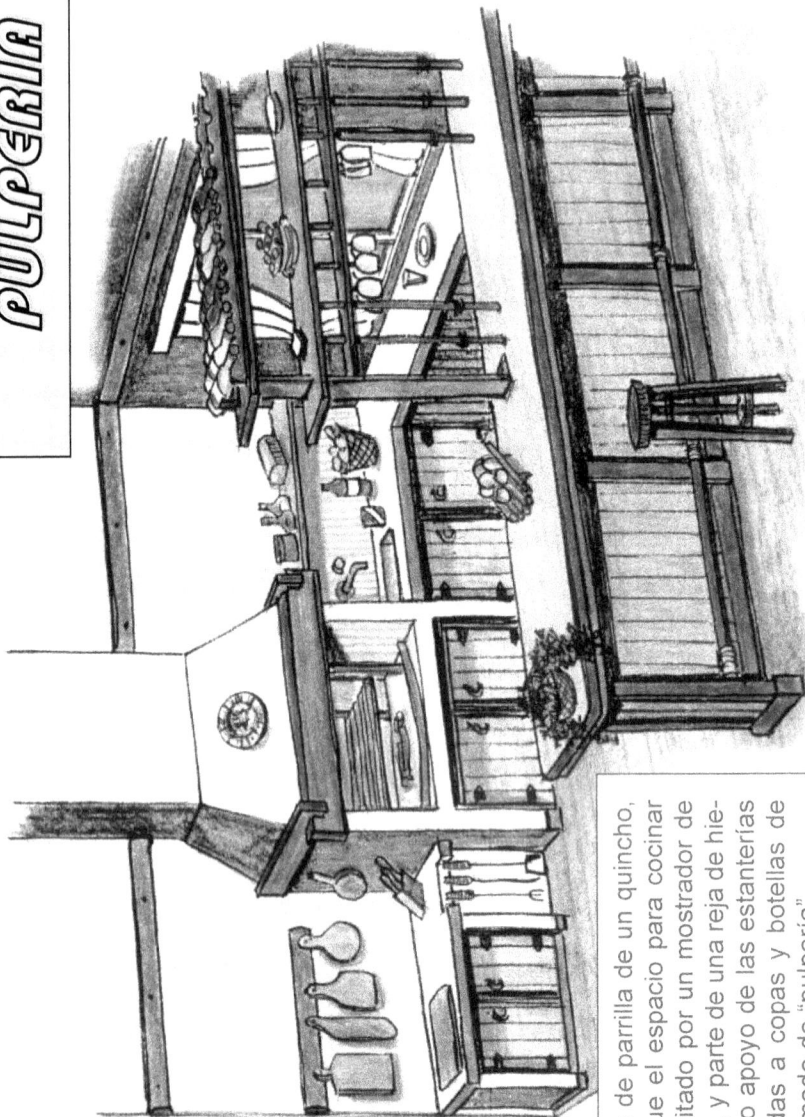

Ejemplo de parrilla de un quincho, en el que el espacio para cocinar está limitado por un mostrador de madera, y parte de una reja de hierro como apoyo de las estanterías destinadas a copas y botellas de vino, a modo de "pulpería".

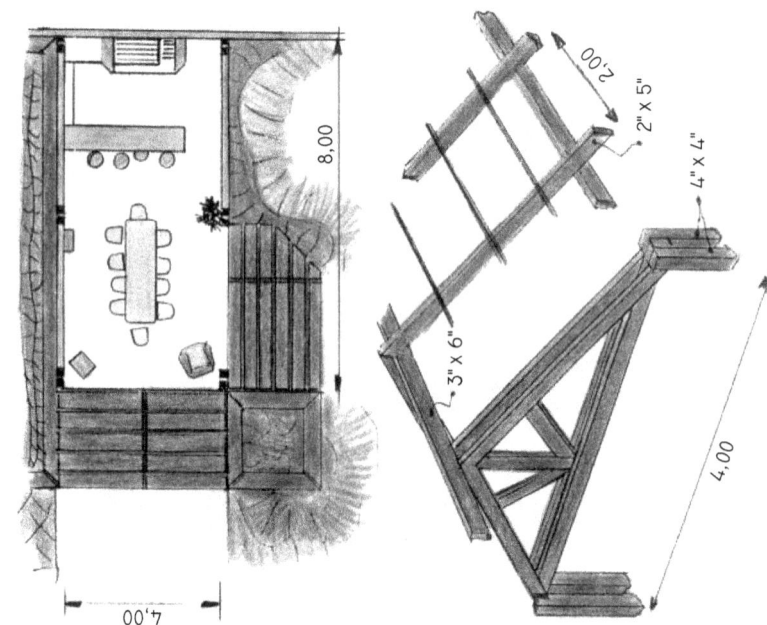

8,00

4,00

2,00

4" x 4"

2" x 5"

3" x 6"

* LAS MEDIDAS EN PULGADAS SON PARA MADERA DE PINO.

El quincho que se muestra en esta página resulta apropiado para terrenos de gran superficie. Ancho, de gran superficie cubierta, tiene dos entradas anchas en el ángulo que, supuestamente, se orienta hacia el edificio principal.

Del tipo litoraleño y del noreste argentino, el techo está formado por paneles de paja que le otorgan su nombre de "Quincho" o "Quinchao". Las columnas y dinteles son de madera dura (quebracho, lapacho, urunday) a la vista (puede ser "cepillada", pero resulta más autóctono que la madera sea "hachuelada", es decir, trabajada a mano con hacha).

La carpintería es de gran superficie, de madera lustrada o barnizada, hojas corredizas y vidrio repartido.

Las entradas se ven resaltadas por los caminos de acceso, hechos con durmientes de ferrocarril semienterrados.

Los pisos de baldosas de cerámica roja colocadas con junta abierta, resultan apropiados al tipo de construcción.

Los zócalos son de madera dura, lustrada u oscurecida con aceite.

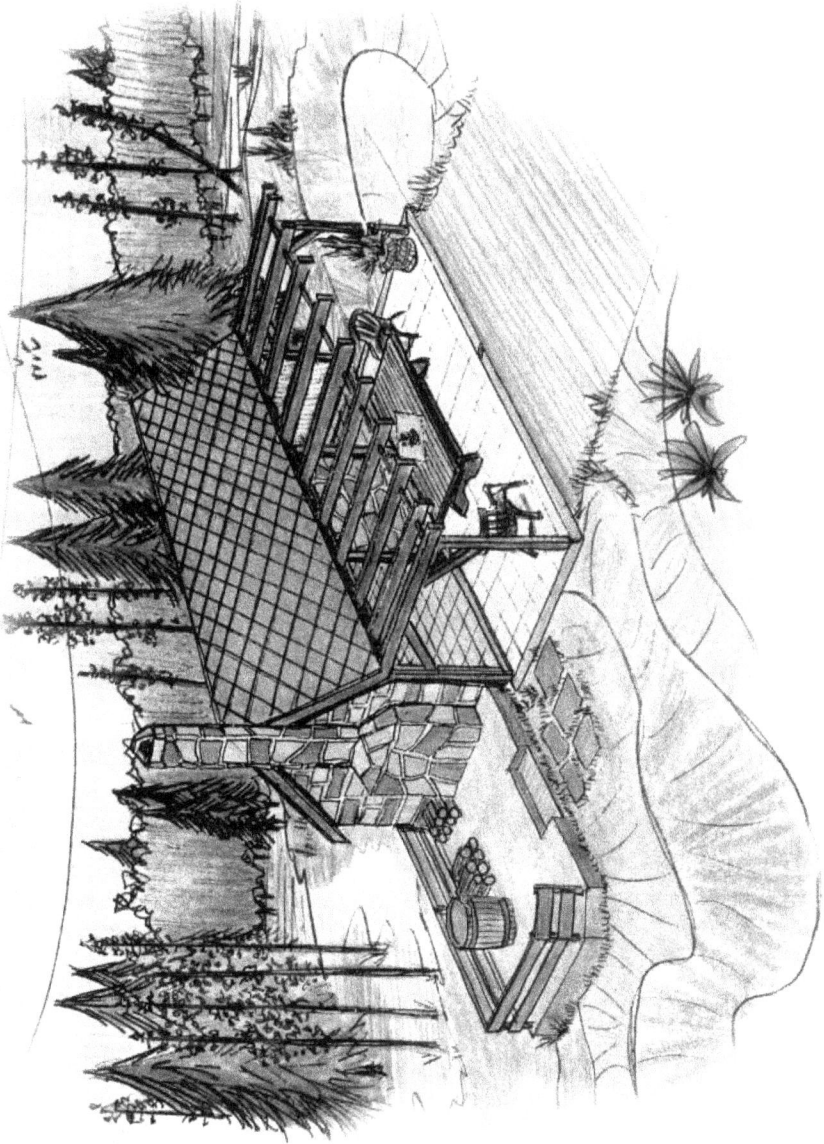

3,80

2,80

8,40

6,00

Ø 2"

2" x 5"

3" x 3"

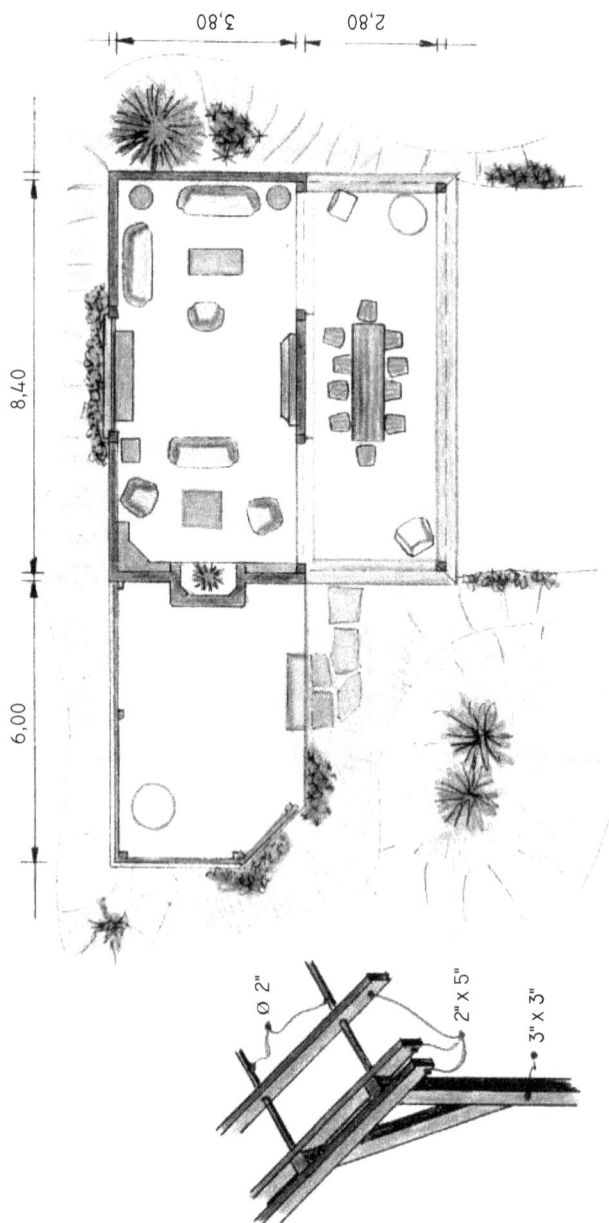

Este diseño de "quincho" tiene características patagónicas, no solo por su formato cerrado, sino por el tipo de materiales empleados.

Piedra madera dura y techo de tejas planas metálicas definen una obra resistente, apta para climas rigurosos. Sus desbordes y espacios adicionales optativos se identifican por un solado cubierto por una pérgola de madera dura integrada con la estructura del techo, siendo apto para mesas largas y/o lugar de descanso.

Se incluye un patio alto con piso de piedra especial para el procesamiento y almacenaje de leña y carbón.

LA PÉRGOLA

La Pérgola puede ser construida con distintos tipos de materiales: hierro, madera, hormigón armado, etc.

Su función principal es la de "definir un espacio" tanto en su altura como en su superficie. A modo de un techo común, establece un límite en el espacio, pero en este caso, no limita la visión ni impide el paso de la luz natural, el aire y la lluvia.

Establece una relación entre las personas y el espacio abierto, y produce una sensación de "abrigo", de protección, a quienes se instalan o transitan debajo de ella.

Por supuesto, el uso de la madera dura la hace más "cálida", más "acogedora".

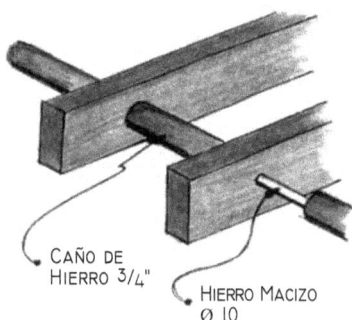

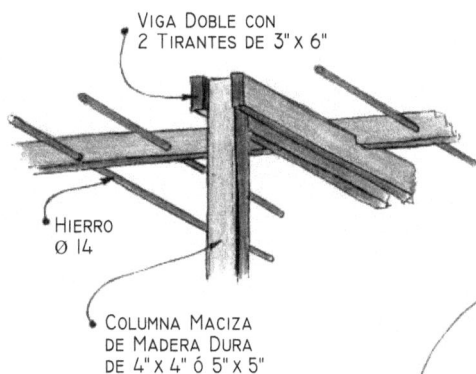

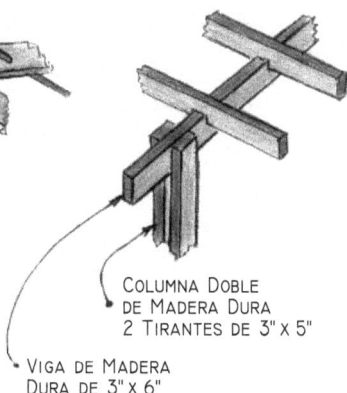

Caño de Hierro 3/4"

Hierro Macizo Ø 10

Viga Doble con 2 Tirantes de 3" x 6"

Hierro Ø 14

Columna Maciza de Madera Dura de 4" x 4" ó 5" x 5"

Columna Doble de Madera Dura 2 Tirantes de 3" x 5"

Viga de Madera Dura de 3" x 6"

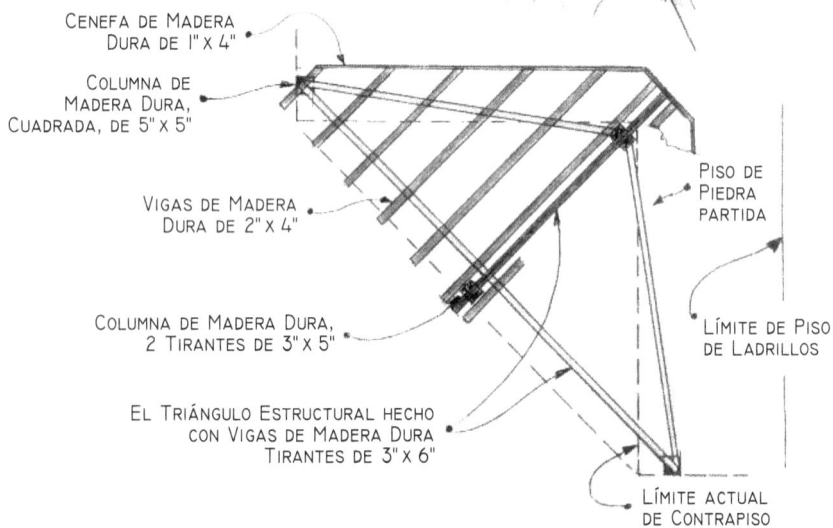

Cenefa de Madera
Dura de 1" x 4"

Columna de
Madera Dura,
Cuadrada, de 5" x 5"

Vigas de Madera
Dura de 2" x 4"

Columna de Madera Dura,
2 Tirantes de 3" x 5"

El Triángulo Estructural hecho
con Vigas de Madera Dura
Tirantes de 3" x 6"

Piso de
Piedra
partida

Límite de Piso
de Ladrillos

Límite actual
de Contrapiso

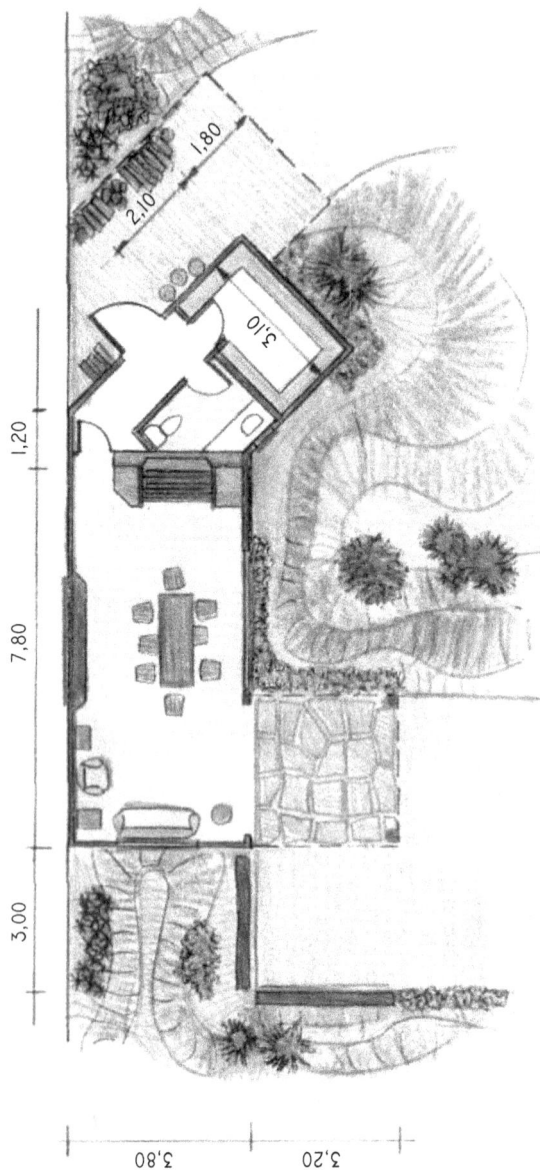

Este ejemplo resulta apropiado para zonas boscosas de distintos climas.

El diseño busca facilitar la iluminación natural y la discreta integración del sector baño / bodega al salón principal, y el ángulo de 45° que se aprecia claramente, sirve para cubrir y aislar un sector destinado al procesamiento y almacenaje de leña y madera en general, el cual dispone de una entrada secundaria.

Entramados de tirantería de madera dura tipo pérgolas, cubren las dos entradas al edificio.

Cubierta de chapa prepintada con estructura de madera a la vista, chimenea de piedra y paredes de madera dura en tablas solapadas con ventanas del mismo material, definen una estética fina y cálida.

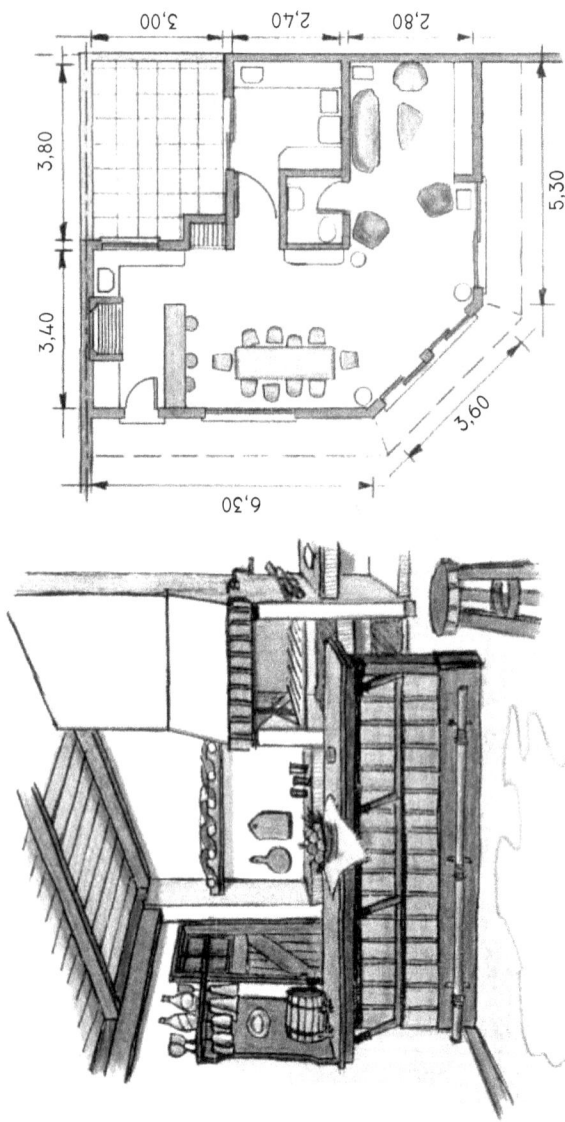

El presente ejemplo responde a un planteo netamente urbano, en un terreno de grandes dimensiones y con una arquitectura tradicional, común a las grandes ciudades. Su característica mas destacable consiste en el ángulo que forma el edificio ocultando el lavadero y patio para tender la ropa al sol.

El "quincho" cuenta en este caso con un baño y tres sectores perfectamente definidos: fogón y parrilla delimitados por un mostrador "bolichero" con barra apoya pies, construido en madera y perfiles de hierro tipo angulo y T; el sector comedor, amplio y próximo a la parrilla; y un sector íntimo, armado con biblioteca y sillones.

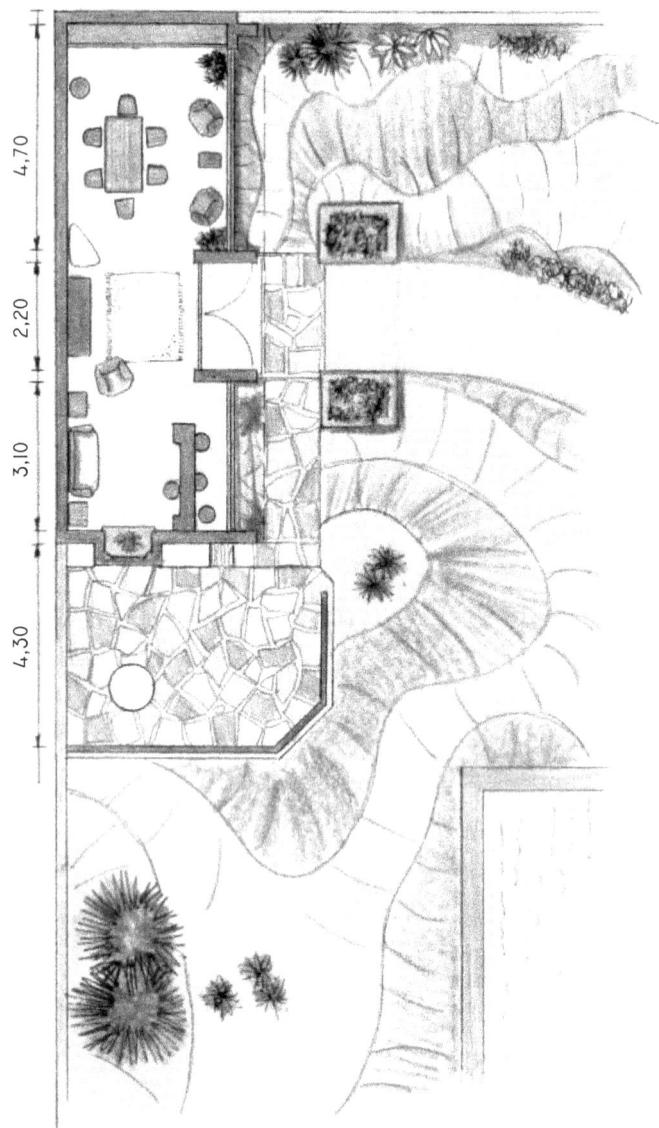

El "quincho" que se muestra en este ejemplo, de desarrollo lineal, puede modificarse en longitud según las necesidades del caso. No es necesario incrementar el ancho del local (3,20 m) porque resulta apropiado tanto para armar un sector de sillones como para una mesa rectangular de longitud variable, pero si puede modificarse en su longitud en relación al terreno disponible, o los "sectores" internos deseados: bar con hogar, comedor, sala de lectura, etc.

4,70

2,20

3,10

4,30

RECUERDE...

El Quincho es un lugar de descanso; a pesar de estar dentro de la casa donde se vive, el sólo ingresar y cobijarse bajo su techo debe producir una sensación de relax, de bienestar.

Por eso es fundamental seleccionar adecuadamente los materiales que lo componen, buscar la armonía que propone lo rústico con el confort; lo simple con la buena calidad; lo estético con la efectividad. No deben sobredimensionarse los espacios, sobre todo las alturas de los techos, ya que de ellos dependerá el placer de sentirse bien, contenido y en paz.

En este tipo de obra, el lujo no es sinónimo de un buen proyecto, ni mucho menos cumple con el concepto que fundamenta y caracteriza a las parrillas y quinchos argentinos.

CURRICULUM VITAE

Arq. Julio A. Puy

Estudios cursados:

Universitario: Arquitecto
Facultad de Arquitectura y Urbanismo, Universidad Nacional de La Plata 15 de mayo de 1974, Matrícula 20.400 (Colegio de Arquitectos Bs. As.)

Cursos y Especializaciones:

Arquitectura Solar, Dictado por el Instituto de Arquitectura Solar organizado por la Sociedad de Arquitectos, Distrito II de Buenos Aires.

Tasaciones Urbanas Dictado por el Colegio de Arquitectos de Bs. As., Distrito II de Buenos Aires.

Barreras urbanas - La Ciudad para Todos, Dictado por la Sociedad Central de Arquitectos, Facultad de Arquitectura de Buenos Aires.

Metodología Intelectual - Lectura Veloz y Nemotecnia
Dictado por Instituto Nacional del Método.

Formulación de Proyectos, Dictado por la Fundación Educación y Trabajo, Universidad Tecnológica.

La Educación Polimodal, Trayecto Técnico Profesional
Dirección General de Cultura y Educación, Consejo General, La Plata, Bs. As.

Antecedentes laborales:

Profesor Titular en el Ciclo Superior, especialidad Construcciones, Escuela de Enseñanza Técnica Nº 1 de Llavallol (Av. Antártida Argentina 2750, Llavallol, Lomas de Zamora, Buenos Aires), desde abril de 1972 hasta la actualidad.

Tasador del Banco de la Prov. de Buenos Aires (Legajo 236)
Desde junio de 1984 hasta 2000.

Curso sobre Construcciones en Seco, Nuevos Sistemas Constructivos, Dictado en el centro de Construcciones de Lomas de Zamora

Conferencia sobre Construcciones en Seco, Participación en el Colegio de Arquitectos de Lomas de Zamora.

Miembro activo de la Articulación de la Educación Polimodal, Trayecto Técnico Profesional, Diseño de Programas de Estudio, Dirección General de Cultura y Educación, Consejo General.

Columnista profesional, Suplemento semanal de Arquitectura Diario La Unión, Lomas de Zamora (1978/79).

Algunas de las obras ejecutadas:

QUINTA PRESIDENCIAL DE OLIVOS, Bs. As.
Asuni Señor, Decoración c/mobiliario.

HOTEL INTENACIONAL, Fontao
Proyecto y Documentación Técnica, Bariloche, Río Negro.

FONTAO S.A., Parrilla/Bodega Familiar
Proyecto Decoración y Asesoramiento, La Coruña, Galicia, España.

Estación de Servicio y Dependencias
Asesoramiento y Representación técnica, Camino de Cintura, Burzaco.

Estación de Servicio de Gas Comprimido
Proyecto y Dirección de Obra, Cno. de Cintura y Av. Irigoyen (rotonda), Burzaco.

ASOCIACION MEDICA LOMAS DE ZAMORA
Dependencias y Farmacia, Proyección y Dirección de Obra, Av. H. Irigoyen 8439, Lomas de Zamora.

ESCUELA COMERCIAL TOMAS ESPORA
Reciclaje, Proyecto y Dirección de Obra, Santa M. de Oro 44, Temperley.

ESCUELA BIECKERT
Reciclaje, Reparaciones y Representación Técnica, Av. Antártida Argentina 2635, Llavallol.

Varios proyectos en Establecimientos Industriales, Locales Comerciales, Viviendas Familiares, como así también Modificaciones e Informes Técnicos y Diseño de mobiliario.

www.ingramcontent.com/pod-product-compliance
Lightning Source LLC
Chambersburg PA
CBHW070031110426
42741CB00035B/2726